LES ENSEIGNEMENTS

DE LA

GUERRE RUSSO-JAPONAISE

Par G. DELMAS

CHEF D'ESCADRON D'ARTILLERIE BREVETÉ

PARIS
HENRI CHARLES-LAVAUZELLE
Éditeur militaire
10, Rue Danton, Boulevard Saint-Germain, 118
—
(MÊME MAISON A LIMOGES)

LES ENSEIGNEMENTS

DE LA

GUERRE RUSSO-JAPONAISE

DROITS DE REPRODUCTION ET DE TRADUCTION RÉSERVÉS

LES ENSEIGNEMENTS

DE LA

GUERRE RUSSO-JAPONAISE

Par G. DELMAS

CHEF D'ESCADRON D'ARTILLERIE BREVETÉ

PARIS
Henri CHARLES-LAVAUZELLE
Éditeur militaire
10, Rue Danton, Boulevard Saint-Germain, 118

(MÊME MAISON A LIMOGES)

AVANT-PROPOS

Au milieu des événements encore confus pour nous qui se déroulent en Extrême-Orient, il serait téméraire de vouloir tracer une esquisse tant soit peu poussée de la guerre russo-japonaise et d'en tirer, dès à présent, tant dans le domaine de la stratégie que dans celui de la tactique, des conclusions précises qui ne reposeraient que sur des bases mal établies.

La concision et la sincérité..... atténuée des comptes rendus officiels, la prolixité et l'incohérence des articles de presse ne sont pas des éléments qui permettent l'établissement d'un historique sérieux d'événements militaires de cette importance. Des années s'écouleront sans doute encore avant que ces éléments puissent être mis entre les mains des historiens militaires.

Cependant un certain nombre de faits, dans le détail desquels il n'est pas indispensable de pénétrer, sont, dès à présent, établis d'une façon indiscutable, et la connaissance plus précise des événements n'atténuera ni le caractère, ni l'importance de ces faits.

Nous désirons attirer particulièrement l'attention sur deux points importants, en insistant plus spécialement sur l'un d'eux dont il paraît utile de faire aux théories actuellement en faveur en France, et même à nos institutions militaires, une application qui ne semble pas dépourvue d'intérêt.

Au demeurant, ces points que nous désirons signaler aujourd'hui n'ont rien de nouveau. Ils ne sont que la constatation expérimentée une fois de plus de principes aussi vieux que la guerre elle-même, principes toujours établis par le résultat des campagnes et toujours discutés quand une période de paix trop prolongée a donné nécessairement aux conceptions théoriques de l'esprit la prépondérance sur l'évidence des faits.

LES ENSEIGNEMENTS

DE LA

GUERRE RUSSO-JAPONAISE

I

Les campagnes antérieures ont mis en évidence depuis longtemps les difficultés auxquelles se heurte l'assaillant en présence des armes à chargement rapide. Depuis longtemps le souvenir des hécatombes de Königgrätz, de Saint-Privat et de Plewna gênait singulièrement les partisans de l'attaque quand même, et les rendait impuissants à formuler d'une façon satisfaisante les principes de l'attaque en ligne. Néanmoins à peu près personne ne niait délibérément la supériorité de l'offensive tactique, seule capable de donner des résultats décisifs, et les discussions ouvertes portaient moins sur la substitution d'une tactique à une autre que sur le détail des procédés susceptibles, dans la pensée de ceux qui les proposaient, de diminuer l'importance du sacrifice à consentir.

L'adoption des armes à répétition et les résultats de la campagne du Transvaal vinrent encore compliquer la question et ébranler la confiance en l'efficacité de l'offensive elle-même. Sans s'inscrire positivement en faux contre un principe qui constituait un véritable article de foi, on reconnaissait que le problème était singulièrement ardu à résoudre dans la pratique.

Des voix autorisées s'élevaient cependant pour proposer des solutions adéquates aux conditions du combat moderne. L'un paraissait donner sa confiance à la brutalité d'assauts renouvelés de Wagram et de Waterloo; l'autre, au contraire, préconisait l'extension des fronts et leur amincissement; un troisième représentait la marche de l'assaillant comme le flux montant d'une marée humaine dont les flots minces et successifs se poussent l'un l'autre jusqu'au submergement de la position ennemie.

Toutes ces solutions, présentées avec plus ou moins de conviction et d'ingéniosité, laissaient, il faut l'avouer, planer sur la question une angoissante obscurité. L'attaque, en s'imposant à la raison comme une solution nécessaire, échappait en tant que conception objective, et sa réalisation demeurait une troublante énigme capable d'ébranler, au moment décisif de l'exécution, les courages les mieux trempés.

D'autre part, des esprits ingénieux, impatients de résoudre ce passionnant problème avaient cherché, par des solutions à côté, à réaliser une forme d'attaque susceptible de conduire au résultat cherché, c'est-à-dire à l'expulsion violente de l'ennemi de la position occupée par lui.

Les uns, renonçant à l'emploi des masses nécessairement vulnérables quelles que soient les formations adoptées, préconisèrent l'attaque pied à pied au moyen de cheminements analogues à ceux de la guerre de siège. Pour ceux-ci, un seul soleil ne doit plus éclairer le commencement et la fin d'une bataille; le dénouement ne peut survenir qu'après une lutte prolongée où, pendant plusieurs journées consécutives, un assaillant tenace investira de travaux d'approche un défenseur qui ripostera par des contre-attaques incessantes.

D'autres proposèrent l'attaque de nuit, ou tout au moins l'approche nocturne, devant conduire les colonnes d'assaut, à l'abri des vues et des feux efficaces, jusqu'à une distance de la position ennemie assez rapprochée pour que l'attaque brusquée, surgissant à l'aube, ait toute chance de réussir.

Tous ces procédés tactiques présentent un réel intérêt, et il n'est pas douteux que, suivant les circonstances, un chef avisé, sans se forger un schéma invariable, pourra avoir à en faire des applications avantageuses. Il est donc indispensable d'être au courant de ces procédés et d'en faire l'objet d'exercices dans lesquels la troupe et ses chefs prendront l'habitude de méthodes de combat qui ne sont pas faites pour rester exclusivement dans le domaine de la théorie.

Mais il conviendra, dans ces exercices, de ne pas compliquer les méthodes. La guerre russo-japonaise vient de nous montrer, en effet, d'une façon indiscutable qu'aujourd'hui comme hier, l'attaque de front ou oblique, parallèle ou combinée avec l'attaque de flanc, conduit au triomphe celui qui sait la mener avec l'à-propos et l'énergie que comporte toute manœuvre de champ de bataille. Bien que nous soyons dans l'ignorance à peu près absolue (1) du détail des procédés et des formations adoptées par les Japonais dans les attaques furieuses conduites contre les positions russes; que nous ne connaissions pas, en particulier, le rôle qu'a pu jouer dans la préparation de l'assaut l'emploi judicieux de l'artillerie à tir accéléré ou rapide, un fait est incontestablement acquis : l'offensive tactique n'est pas plus

---

(1) Consulter cependant les études si intéressantes de M. Réginald Kahn sur la guerre en Mandchourie.

impossible aujourd'hui qu'il y a vingt-cinq ou trente ans.

Est-elle plus difficile?

Les correspondants de journaux parlent sans doute d'hécatombes japonaises, de troupes d'assaut fauchées comme des moissons mûres par les rafales du feu des défenseurs; des chiffres fantastiques sont cités; mais, d'autre part, on nous dit que Russes et Japonais en sont venus au corps à corps, circonstance bien difficile à concilier avec ces effets destructeurs du feu. Enfin, les comptes rendus officiels signalent des pertes qui, pour être importantes, ne répondent nullement à l'idée des massacres signalés par la presse et semblent même ne pas atteindre la proportion des pertes relevées dans certaines batailles des guerres napoléoniennes.

Comme celui qui prouvait le mouvement en marchant, l'armée japonaise a donc coupé court à toute hésitation et fourni la preuve péremptoire que l'offensive peut toujours donner des résultats décisifs et qu'elle est le gage le plus assuré du succès. Quant aux procédés de détail qui ont consacré ce succès, ils ne semblent pas différer beaucoup de ceux qui l'ont procuré aux audacieux en tous temps et en tous lieux. Ceux dont nous nous sommes occupé plus haut ont leur intérêt; mais le plus sûr de tous, celui que nous ont transmis nos pères et qui servira à nos fils, c'est une forte éducation militaire, un sentiment du devoir et de la discipline capable de donner aux chefs et aux soldats une âme véritablement maîtresse du corps qu'elle anime et cette volonté de vaincre, gage assuré de tous les succès.

Ce sont là des qualités viriles qui sont le lot des peuples forts; souvenons-nous qu'ils ne sauraient appartenir à ceux qui se laissent aller à prêter une oreille complaisante aux lâches conseils des pacifistes. Pour ces peuples, il n'y a de victoire possible, ni dans l'offensive, ni dans la défensive; leur lot, lot bien mérité, c'est la défaite et l'esclavage.

En attendant que les événements nous donnent l'occasion d'éprouver nos âmes et d'appliquer ces principes, ne cessons pas d'inculquer à nos officiers et à nos soldats le culte de l'attaque, de l'assaut à fond, sans marchandage et sans réserve jusques et y compris le corps à corps qui, dit-on, s'est produit dans les champs mandchouriens.

Conservons le culte de la baïonnette, en en faisant un usage raisonné, d'après les circonstances et les lieux, mettons en honneur, mieux que ne semblent l'avoir fait jusqu'ici nos camarades russes, la vieille devise de Souvarov : *Poulia doura, chtyke molodetz* (La balle est folle, la baïonnette est une gaillarde).

II

La défense prolongée de Port-Arthur est un autre enseignement capital de la guere russo-japonaise.

L'esprit humain est rempli de contradictions. Par une singulière aberration, alors que certains théoriciens concluaient à l'impossibilité ou à la quasi-impossibilité de l'attaque de vive force dans la guerre de campagne, d'autres théoriciens au moins aussi mal inspirés prétendaient réduire la guerre de siège à la simple attaque de vive force; toute forteresse devait fatalement succomber à une attaque de cette nature.

Cette conception singulière, née des premiers résultats obtenus contre les ouvrages de fortification au moyen des explosifs à grande puissance et érigée pour la première fois en corps de doctrine par le général bavarois von Sauer, jouit d'ailleurs d'une fortune étonnante.

Alors que l'efficacité de l'offensive tactique dans la guerre de campagne subissait tout au plus une éclipse partielle, la théorie de l'attaque de vive force des forteresses arrivait du premier coup aux honneurs de l'enseignement officiel et se traduisait par l'adoption de mesures pratiques : mise en service d'un matériel spécial et organisation de parcs légers de siège attachés aux armées de campagne.

Voici le résumé de la doctrine, telle qu'elle était présentée, il y a quelques années, dans le cours d'artillerie professé à l'Ecole supérieure de guerre.

Le rédacteur officiel admet qu'en raison de l'augmentation croissante des armées modernes, les places pourront être attaquées avec des effectifs beaucoup plus considérables qu'autrefois et que l'assaillant abordera le défenseur sur toutes ses positions à la fois. Il se présentera, en général, devant une place frontière douze ou quinze jours après la déclaration de guerre, avec un effectif de cinq corps d'armée, pour faire le siège d'une grande place. Cette armée de siège sera suivie d'un matériel de campagne très important (au moins 500 canons longs ou courts et des mortiers); à deux ou trois journées de marche en arrière viendront les équipages légers de siège et un équipage de 120 long.

C'est avec ces éléments que l'auteur compte amener, dans un laps de temps restreint, et par un emploi combiné de l'artillerie et de l'infanterie analogue à l'emploi de ces armes dans la guerre de campagne, la chute de la forteresse.

L'expérience de la guerre n'était pas nécessaire pour démontrer l'inanité de pareilles conceptions.

Avant de les discuter, nous admettrons que les adversaires en présence sont d'égale force, qu'aucun d'eux n'a à se préoccuper sur ses frontières autres que la frontière directement menacée; il s'agira, par exemple, pour fixer les idées, d'un duel entre la France et l'Allemagne.

Le choc des troupes de première ligne n'amènera pas forcément des résultats assez décisifs pour qu'un des adversaires soit, dès le début, mis hors de cause. S'il en était ainsi, l'un des deux belligérants se serait trouvé, en entrant en campagne, dans un état d'infériorité numérique matérielle ou morale tel que toute discussion serait inutile. Il y aurait, en effet, de sa part, folie à vouloir continuer la guerre comme il y aurait eu folie à l'entreprendre.

Ce qui est naturel et probable, c'est que les premiers

combats seront longs et opiniâtres, que les adversaires manœuvreront peut-être longtemps avant de s'aborder, que des batailles de plusieurs jours seront indécises. Vainqueur sur un point, vaincu sur un autre, chaque parti ne se fera pas une idée bien nette de sa supériorité ou de son infériorité relative et ne tentera pas de risquer des opérations secondaires, tant qu'il n'aura pas ou ne croira pas avoir joué encore la partie décisive. Dans cette première période de la guerre, les opérations contre les forteresses seront nulles ou se borneront à des tentatives d'attaque contre des forts isolés qui se trouveront plus ou moins mêlés aux opérations de la guerre de campagne.

Le délai de douze à quinze jours est donc bien réduit et il n'est pas possible qu'au bout de si peu de jours, l'un des deux belligérants soit réellement en état d'entreprendre le siège d'une grande place.

Admettons maintenant que la supériorité d'un des adversaires soit devenue indiscutable, admettons qu'une victoire éclatante, fertile en résultats de toute nature ait rompu, au moins pour quelque temps, la résistance de l'autre parti. A quel prix aura été payé ce triomphe? Quelles pertes en personnel, en matériel aura subies l'armée victorieuse? Quels renforts ne lui seront pas nécessaires pour lui fournir le supplément de force matérielle et d'énergie morale indispensable pour la poursuite de l'offensive?

Des corps d'armée entiers devront quitter la mère-patrie, non pour aller faire le siège de places ennemies, mais pour rejoindre l'armée de campagne et réparer ses pertes. Des convois interminables de vivres, de munitions, de matériel hospitalier ou administratif se dirigeront vers la zone des opérations pendant que d'autres convois évacueront les déchets de la guerre, malades et blessés en nombre énorme, matériel hors de service de toute sorte. La presque totalité des moyens de transport sera peut-être nécessaire pour satisfaire aux besoins des troupes de campagne. Comment songer, dans ces conditions, à expédier si rapidement des armées de siège outillées comme celle dont il est question ci-dessus?

Il faut remarquer, d'ailleurs, que la difficulté ne se bornerait pas au transport de cinq corps d'armée et du matériel correspondant. On peut admettre certainement que l'effort principal ne serait tenté que contre une place à la fois, mais cela ne veut pas dire qu'il soit possible de négliger absolument les places voisines; il faudra, tout au moins, investir ces places. Admettons, par exemple, que les Allemands vainqueurs veuillent enlever Épinal par un siège conçu suivant les idées exposées plus haut; il leur faudra, en même temps, bloquer Toul et Belfort et surveiller tous les ouvrages de la haute Moselle à la fois pour permettre à l'armée de campagne de poursuivre son invasion et permettre aussi de procéder en toute liberté au siège d'Épinal.

Ce n'est pas trop que d'assigner trois corps d'armée à ces dernières tâches. C'est donc huit corps d'armée qu'il s'agit de transporter avec un matériel considérable et de ravitailler ensuite avec la plus grande régularité, car les consommations de ces troupes, concentrées sur des espaces étroits, dans des régions vidées, seront énormes en munitions de guerre et de bouche.

Un pareil effort n'est certainement pas réalisable dans un laps de temps aussi restreint qu'une quinzaine de jours. Nous avons négligé, d'ailleurs, d'examiner avec quelles troupes seraient constituées ces armées de siège. Sans doute ces troupes, prélevées pour la plus grande partie sur les garnisons des places, seraient dispersées sur toute l'étendue du territoire national. Il faudrait donc les désigner, les organiser, leur donner des chefs, du matériel, des équipages, enfin les concentrer en les faisant venir des points les plus éloignés. Croit-on que de pareilles opérations puissent être menées de front avec celles de la mobilisation générale et de la concentration des armées de campagne ?

Avant l'exemple absolument démonstratif de Port-Arthur, l'exemple des dernières guerres nous montre que, loin de gagner en rapidité, la guerre de siège a plutôt suivi une marche plus ralentie. En 1870, toutes les places françaises ont été attaquées avec des moyens insuffisants; le siège de Paris n'a pu être fait, celui de Belfort a été un véritable insuccès. Cependant le parti vaincu avait subi une défaite sans précédent dans les annales militaires et ses places, non seulement étaient considérablement en retard par rapport aux moyens de guerre de l'époque, mais même leur état de préparation ne répondait nullement aux besoins de la défense. C'est qu'il faut considérer que l'invasion, même lorsque les succès ne sont mêlés d'aucun revers, use l'envahisseur dans des proportions intenses, et, lorsqu'on pense atteindre d'un seul bond les objectifs essentiels, on se fait de graves illusions.

Von der Goltz (1) prétend que l'armée russe qui fit, en 1877, l'invasion de la péninsule balkanique fondit à un tel point que, en arrivant sous les murs de Constantinople, elle ne comptait pas plus de 10.000 hommes sous les armes. Pense-t-on qu'elle eût été en état de faire le siège de cette place, si celle-ci eût eu des moyens de défense et si elle se fût défendue ?

Il est donc amplement démontré que ce n'est pas dans un délai de quinze jours que nos places frontières pour-

---

(1) Von der Goltz, *De la conduite de la guerre*. (Edition Westhauser, p. 47.)

ront être menacées d'un siège. Mais, quelle que soit la longueur ou la brièveté de ce délai, admettons que l'assaillant soit enfin en état de procéder à l'attaque de la forteresse.

Quand l'armée de siège aura été rassemblée, que la place sera investie et qu'assaillants et défenseurs se verront enfin les yeux dans les yeux, c'est non par des jours, mais par des semaines et des mois que devra s'escompter la chute de la forteresse.

L'exemple de Port-Arthur démontre jusqu'à la dernière évidence la folie des attaques brusquées : les assauts prématurés tentés par les Japonais ou sont demeurés entièrement infructueux ou n'ont donné que des résultats insignifiants. Non seulement de pareilles attaques sont vouées à un insuccès certain dans des conditions normales, bien entendu, mais encore elles ne sauraient diminuer d'un seul jour la durée du siège.

Comment admettre que ces assauts furieux, si difficiles à mener contre des positions de campagne qu'on a pu les croire impossibles, seraient plus faciles contre des positions préparées avec toutes les ressources de l'art, alors que toute manœuvre enveloppante ou simplement débordante devient inexécutable en présence d'une position qui n'a pas de flancs et que l'attaque directe s'impose comme une solution inéluctable ?

C'est par la sape et la mine, après une préparation complète d'artillerie, que les Japonais sont entrés dans Port-Arthur; c'est l'artillerie, la sape et la mine qui, seules, aujourd'hui comme hier auront raison des places fortes.

Maintenant la discussion est close, l'expérience est faite et les escamoteurs de forteresses comprendront, il faut l'espérer, qu'il existe une différence appréciable entre la recherche du paradoxe et le culte de la vérité.

Quant aux gouverneurs et aux garnisons des places, ils pourront, aujourd'hui comme autrefois, envisager avec calme les événements militaires auxquels ils pourront être appelés à participer.

III

L'importance du rôle des places fortes dans la guerre moderne et l'inanité des théories qui tendaient à en restreindre la valeur étant pleinement démontrées par la raison comme par l'expérience, il reste à tirer les conclusions pratiques de ce fait acquis. Ces conclusions ont, particulièrement en France, une importance capitale.

Nous signalerons tout d'abord, sans insister sur ce point, la question des parcs légers de siège. Leur organisation et surtout leur rôle éventuel ont besoin d'être étudiés à nouveau en vue d'un emploi sensiblement différent de celui qui semblait devoir leur être attribué jusqu'à ce jour.

Un point autrement important et sur lequel nous désirons présenter des considérations plus étendues est celui qui a trait au rôle de nos places et à leurs relations avec les armées de campagne.

Tout le monde connaît le puissant système défensif édifié à grands frais sur notre frontière du nord-est. Nos quatre grandes places de Verdun, Toul, Epinal, Belfort et les ouvrages qui s'y rattachent constituent le barrage fortifié le plus puissant qui soit au monde et, quelques critiques qui aient pu être formulées contre le principe même de l'établissement de ce barrage ou les détails de l'exécution, il est hors de doute aujourd'hui, après l'exemple de Port-Arthur, que l'ensemble de nos forteresses constitue un obstacle d'une valeur au moins égale à celle de la barrière qu'avait antérieurement créée le génie de Vauban sur notre frontière du Nord et qui, à deux reprises différentes, a apporté à la marche des armées d'invasion des entraves suffisantes pour permettre à la défense nationale de s'organiser à loisir et finalement d'expulser l'envahisseur de notre territoire.

Nul doute que le système défensif de nos places frontières ne constitue encore aujourd'hui, même en présence de l'énorme puissance offensive des armées de l'empire allemand, un rempart pratiquement inviolable à l'abri duquel les armées nationales ont toute sécurité pour se concentrer, s'outiller et choisir en toute liberté le moment et le point les plus favorables à l'offensive. Toutefois, pour que ces places soient en état de jouer effectivement ce rôle protecteur, il est indispensable qu'elles soient pourvues non seulement de tous les éléments matériels nécessaires à leur mise en œuvre, mais encore et surtout de leurs garnisons de défense; en effet, « il n'est, disait Lanoue, murailles que de bons hommes ». Ces garnisons ne sauraient être constituées au moment du besoin avec des troupes de seconde ligne; il est nécessaire qu'elles le soient en permanence au moyen de troupes actives destinées à se compléter par un appoint réduit susceptible d'être appelé à l'activité dans le délai le plus restreint possible.

Ainsi donc, pour un esprit libre, qui ne s'est pas laissé contaminer par les sophismes et les mirages des outranciers de l'offensive stratégique, de la concentration à la frontière, de la bataille initiale et de la défense de la France ramenée à la protection d'une grande ville ouverte (1), la zone naturelle de concentration des ar-

---

(1) La question des fortifications de Nancy a fait l'objet de longs débats. A notre avis, il n'y a pas lieu de fortifier la capitale de la Lorraine; mais il vaudrait mieux encore se résigner à la protéger par des obstacles passifs que de chercher à la couvrir à tout prix au moyen de troupes mobiles qui, si elles voulaient effectivement remplir leur rôle, seraient amenées, tout en courant à leur perte, à paralyser, dès le début, l'indépendance

mées françaises est la zone protégée par cet admirable réseau de régions fortifiées qui jalonne notre frontière de Mézières à Belfort.

Mais alors, à quelle conception raisonnable peuvent répondre, dans cet ordre d'idées, les fameuses troupes dites de couverture ?

Avant-garde stratégique ? Avant-garde que ne suit aucun gros.

Avant-postes de concentration ? Quelle est leur utilité en avant de la formidable barrière de nos places fortes ? Que gardent ces gardes et n'est-ce pas plutôt le cas de leur dire, comme Juvénal :

.....quis custodiet ipsos custodes ?.....

Corps détaché, détaché de quoi ? dans quel but ? Quelle est sa mission ? Défensive, cette mission est inutile ; elle est mille fois mieux remplie par les forteresses ; offensive, à quels désastres n'est-ce pas exposer une fraction importante de nos forces nationales ?

Faut-il rappeler ici la prudence avec laquelle ont toujours été opérées les concentrations napoléoniennes ? Toujours l'Empereur a cherché à interposer entre ses masses et les masses ennemies une étendue suffisante de pays, un obstacle naturel ou artificiel susceptible de lui ménager le temps et l'espace nécessaires à la liberté de ses décisions. Jamais on ne le vit risquer, de propos délibéré, une fraction importante de ses forces à je ne sais quelle mission chimérique de protection ou de couverture avant que le bloc entier fût en mesure d'entrer en ligne. Le rideau n'était tiré et le drame ne commençait que quand tous les acteurs étaient rendus à leurs postes. Les concentrations de 1800, 1805, 1806, 1812, 1813, 1815 en sont des exemples mémorables.

---

et l'initiative du gros de nos armées et à l'entraîner, sans raison, à des engagements prématurés.

Une seule exception, 1809. Dans cette campagne, l'Empereur, surpris par la déclaration de guerre de l'Autriche avant que sa préparation fût achevée et ne voulant pas abandonner la Bavière, notre alliée, fait couvrir sa concentration par Davout et les Bavarois. Qui n'a présente à la mémoire la situation difficile créée par cette dérogation aux principes, le désarroi de Berthier, le danger couru par nos troupes sauvées d'un désastre qu'elles auraient pu et dû subir, moins par l'audacieuse prudence de Davout que par les tergiversations de l'archiduc, temporisateur sans génie, paralysé, comme tous ses lieutenants, par le grand nom de l'Empereur même absent.

Que dirait cet admirable metteur en scène, s'il entendait aujourd'hui des propos comme les suivants, propos tenus en notre présence par un officier général : « Il faut s'attendre à recevoir des coups de fusil et à en tirer en descendant du train » ? Sont-ce là les principes de la guerre ?

Mais nous n'entendons pas pousser plus loin la critique de la conception, déconcertante pour un esprit dépourvu d'idées toutes faites, des troupes de couverture. Nous renvoyons le lecteur aux pages remplies de bon sens, de vérité et de verve que M. le général Cardot a consacrées à cette question. Citons ici pourtant quelques lignes caractéristiques :

« Croyez-moi. Ne partons pas les uns sans les autres; allons-y tous ensemble, coude à coude, comme un seul homme, en bloc ! — et laissons couler la Loutre Noire.

» Pas d'armées à la frontière dès le temps de paix ! Elles y font de trop mauvais rêves; elles s'y voient broyées, comme elles disent, dès la première heure; et, si le voisin est piqué de la même tarentule, les troupes de couverture, — sans doute pour justifier le nom qu'elles portent — vont tirer à elles *toute la couverture* (1). »

Certes, ces pages lumineuses sont bien faites, semble-t-il, pour convaincre même les sourds, pourvu qu'ils veuillent entendre. Il est temps aujourd'hui de prêter l'oreille à ces appels et de mettre fin à des errements capables de compromettre tout l'effet de notre organisation militaire avant même qu'elle ait pu être mise en œuvre.

Et maintenant concluons :

Les troupes dites de couverture doivent disparaître radicalement et, comme mesure d'exécution, s'impose la suppression de ce 20e corps d'armée, création malheureuse, aussi défectueuse dans son organisation territoriale que dans sa constitution organique. Que les troupes qui entrent dans sa composition reviennent à leur destination naturelle, les bataillons de chasseurs à leurs corps d'armée, les régiments régionaux aux places fortes ; les batteries d'artillerie renforceront les régiments des autres corps d'armée et constitueront les batteries de sortie des places.

En allégeant le budget de la guerre, nous aurons en même temps mis fin à un péril redoutable qui menace aujourd'hui notre concentration stratégique, et nous aurons également assuré à cette opération capitale, qui ne peut être soumise à aucun aléa, un gage de plus de succès.

En effet, nous l'avons montré plus haut, le rempart de nos forteresses a besoin, pour être réellement inviolable, que nos places soient, avant même le premier jour de la mobilisation, pourvues de leurs garnisons de défense, non de garnisons de circonstance, mais de gar-

---

(1) *Nos grandes manœuvres, Destructions nécessaires,* p. 123.

nisons définitives qui ne fassent partie d'aucune formation de campagne.

Il est difficile, à la vérité, de tenir en permanence ces garnisons sur le pied de guerre, mais il faut au moins que le noyau du temps de paix soit un noyau solide, d'un effectif élevé et susceptible d'être porté, par des opérations simples, à l'effectif du pied de guerre.

Ces noyaux seront faciles à constituer au moyen des régiments régionaux. Sur ces 18 régiments, 12 au moins peuvent être affectés aux places du nord-est, les 6 autres étant réservés à celles de la frontière des Alpes. Ces 12 régiments, avec adjonction de batteries à pied, de batteries de sortie et de troupes du génie peuvent être organisés en 4 divisions à 3 régiments affectées aux quatre places de Verdun, Toul, Epinal et Belfort et placées sous les ordres des gouverneurs de ces places fortes (1). Remarquons, en passant, que cette organisation nouvelle n'apporterait que des modifications peu importantes au tableau de l'emplacement des troupes dans les 6e et 20e régions actuelles. L'effet le plus sensible consisterait dans le reploiement sur les corps de l'intérieur de quelques unités restées en dehors des 4 divisions de forteresses, reploiement qui atténuerait, au grand avantage des troupes, l'état congestif de nos garnisons de la frontière du nord-est.

Ces divisions, à effectifs renforcés à 150 hommes par compagnie, formeraient un noyau solide susceptible d'être porté au pied de guerre par l'appel rapide de réservistes parisiens et complété simultanément par des formations de deuxième ligne constituées dans les subdivisions de région voisines des forteresses.

---

(1) L'organisation de la cavalerie n'est, bien entendu, nullement modifiée dans notre système. La mission d'exploration de cette arme n'a, d'ailleurs, rien de commun avec le rôle équivoque des troupes de couverture.

Cette organisation rationnelle, en nous mettant à l'abri de tout événement imprévu, de toute catastrophe préalable, nous permettrait de rassembler et d'outiller nos armées, pour ainsi dire, comme si l'ennemi n'existait pas et on ne conçoit pas d'ailleurs, à proprement parler, qu'une concentration puisse s'exécuter dans d'autres conditions.

Derrière le rempart invulnérable de nos places se constituera ainsi la masse offensive, libre de ses décisions et de ses mouvements, maîtresse de ses débouchés. Il appartiendra alors à celui qui la commande de la mettre en marche et de lui donner la direction convenable pour porter à l'ennemi les premiers coups avec ensemble et décision, et, par suite, avec le maximum de chances favorables.

Paris et Limoges. — Imp. milit. Henri CHARLES-LAVAUZELLE.

Librairie militaire Henri CHARLES-LAVAUZELLE
Paris et Limoges.

Armes portatives françaises et étrangères, par le capitaine BATAILLE: France (fusil mod. 1886 M. 93); Allemagne (fusil mod. 1888); Autriche (fusil mod. 1895); Russie (fusil mod. 1891). Chaque puissance fait l'objet d'un fascicule in-plano, tiré en deux couleurs, avec gravures dans le texte et une planche hors texte en dix couleurs. Prix du fascicule. 5 »
Guide pratique des exercices de combat et de service en campagne (3ᵉ édition) — Volume in-32 de 156 pages avec 10 croquis, cart...... » 75
Service en campagne d'une compagnie d'infanterie, par le capitaine ROSCHET, avec 27 croquis, cartes ou plans. — Vol. in-8º de 240 p... 4 »
La compagnie isolée en marche et en station, avec trois croquis, par F. B. — Brochure in-8º.................................. » 50
Des éclaireurs de montagne, par H. DUNOD, lieutenant de chasseurs alpins. — Brochure in-8º................................ 1 50
Agenda de mobilisation. Infanterie (2ᵉ édition) Volume in-18 de 128 pages, relié pleine toile................................ 2 »
Essai historique sur la tactique d'infanterie depuis l'organisation des armées permanentes jusqu'à nos jours, par le commandant GÉRÔME, breveté d'état-major, ancien professeur adjoint d'art et d'histoire militaire à l'Ecole spéciale de Saint-Cyr. — Volume in-8º de 468 pages, avec 77 croquis.................................. 7 50
Historique de la tactique de l'infanterie française, par V. VEYNANTE, chef de bataillon breveté au 42ᵉ d'infanterie, 10 croquis. — Vol. in-8º de 120 pages.................................. 2 50
Cartes étrangères. Notions et signes conventionnels, par le capitaine ESPÉRANDIEU, professeur de topographie et de géographie à l'Ecole militaire d'infanterie. — Volume in-8º de 140 pages............ 4 »
Français et Allemands, étude démographique et militaire des populations actuelles de la France et de l'Allemagne, l'Alliance franco-russe et l'Allemagne, par le Dʳ J. AUBŒUF. — Volume in-8º de 122 pages. 2 »
Causerie sur le cheval, conférences faites aux cavaliers du 21ᵉ chasseurs, par le lieutenant H. DE ROCHAS D'AIGLUN. — Br. in-8º de 78 pages.. 1 50
La stratégie et la tactique allemande au début du vingtième siècle, étude par le général PIERRON. — Volume in-8º de 394 pages avec croquis dans le texte.................................. 6 »
Etude sur la tactique de ravitaillement dans les guerres coloniales, par NED-NOLL. — Volume in-8º de 156 pages............ 2 50
De la nature de l'occupation de guerre, par le lieutenant A. LORRIOT, docteur en droit. — Volume grand in-8º de 364 pages........ 7 50
Guide pour le chef d'une petite unité d'infanterie opérant la nuit (marches, avant-postes, combat, méthode d'instruction), par le capitaine breveté NIESSEL. — Vol. in-8º de 100 pages, 6 croquis dans le texte. 2 »
Principes fondamentaux et tactique raisonnée du combat de nuit, par le lieutenant-colonel G. TRUMELET-FABER, du 20ᵉ d'infanterie. — Brochure in-8º de 96 pages, avec 4 figures dans le texte............ 2 »
La tactique des Anglais après la guerre du Transvaal, d'après leurs derniers règlements (*Tactique combinée et Règlement d'infanterie*), traduction du lieutenant LE MEURE, du 116ᵉ d'infanterie, détaché à l'Ecole de guerre. — Brochure in-8º de 92 pages................ 1 50
Petit guide pour les tirs collectifs et les formations à prendre par l'infanterie, par le général LE JOINDRE, commandant la 36ᵉ division d'infanterie. — Volume in-32 de 92 pages, avec croquis et graphiques. 1 »
Ordres, contre-ordres, marches, contre-marches, par le commandant RENAUD, chef d'escadron d'artillerie breveté. — Volume in-18 de 2[4] pages, avec 16 croquis.................................. 50

Librairie militaire Henri CHARLES-LAVAUZELLE
Paris et Limoges.

Manuel des candidats de toutes armes aux différents grades d'officier dans la réserve et dans l'armée territoriale. Programme développé des connaissances exigées par le décret du 16 juin 1897. — Volume in-18 de 708 pages, avec 280 croquis dans le texte.................... 4 »

Instruction spéciale des éclaireurs d'infanterie, par le lieutenant J.-M. FRANCESCHI, du 137ᵉ régiment d'infanterie. — Volume in-8° de 112 pages, avec 16 croquis dans le texte......................... 2 »

Instruction pour les éclaireurs d'infanterie. Brochure in-32 de 48 pages, avec un tableau de signaux pour la transmission optique.......... » 75

CLAUZEWITZ. — **La Campagne de 1814 en France**, traduit de l'allemand par G. DUVAL DE FRAVILLE, chef d'escadron d'artillerie breveté, instructeur d'équitation à l'Ecole d'application de l'artillerie et du génie. — Volume in-8° de 166 pages, une carte...................... 3 50

Les corps francs dans la guerre moderne, — Les moyens à leur opposer, étude historique et critique sur l'attaque et la défense des voies de communication et des services de l'arrière, par le capitaine V. CHARETON. — Vol. in-8° de 260 pages, avec 9 croquis dans le texte.. 4 »

Général GALLIÉNI. — **Rapport d'ensemble sur la pacification, l'organisation et la colonisation de Madagascar** (octobre 1896 à mars 1899). — Volume in-8° de 628 pages................................. 7 50

Souvenirs de Madagascar, par le lieutenant LANGLOIS. — Volume in-8° de 192 pages, 37 croquis.. 3 50

Campagne de 1866, étude militaire rédigée conformément au programme des examens d'admission à l'Ecole supérieure de guerre, par C. DE RENÉMONT.
 TOME Iᵉʳ. Opérations en Bohême. — Volume in-8° de 390 pages avec 20 cartes ou croquis dans le texte........................... 7 50
 TOME II. Opérations sur le Mein, en Italie et en Tyrol. — Volume in-8° de 368 pages avec 14 croquis dans le texte................ 7 50

Troubles et émeutes. — Recueil des documents officiels indiquant les mesures à prendre par les autorités civiles et par les autorités militaires, par J. SAUMUR, officier d'administration de 1ʳᵉ classe d'état-major. — Volume in-32 de 88 pages.................................... » 50

École régimentaire de tir à l'usage des officiers et sous-officiers d'infanterie, par le commandant breveté ALLEGRET, du 4ᵉ tirailleurs algériens. — Volume in-8° de 140 pages avec 11 figures dans le texte. 3 »

L'Infanterie perd son temps, par le général Ch. PHILEBERT. — Brochure in-18 de 78 pages... 1 50

Notes sur les mitrailleuses, par le capitaine MLÉNECK, de l'artillerie coloniale. — Volume in-8° de 140 pages, avec 46 figures dans le texte. 3 »

Souvenirs personnels de Verdy du Vernois, au grand quartier général 1870-71, par SOUBISE. — Volume in-8° de 304 pages............... 5 »

Notre fusil, par le général LUZEUX. — Brochure in-8 de 44 pages.... 1 »

Méthode d'enseignement de l'escrime avec l'épée de combat. Jeu de terrain, par M. SERPETTE, maître d'armes au 5ᵉ régiment de hussards. — Brochure in-18 de 80 pages, avec 12 photogravures............ 2 »

Méthode progressive et résumée de dressage, par le capitaine CARRÈRE, instructeur du 14ᵉ régiment de chasseurs. — Broch. in-18 de 54 pages. 1 »

Conférences agricoles et morales, par Gabriel VIAUD, vétérinaire de l'armée. — Volume in-18 de 196 pages........................... 3 »

Le catalogue général de la Librairie militaire est envoyé gratuitement à toute personne qui en fait la demande à l'éditeur Henri CHARLES-LAVAUZELLE.

www.ingramcontent.com/pod-product-compliance
Lightning Source LLC
Chambersburg PA
CBHW060603050426
42451CB00011B/2053